도마뱀과 소문

최옥향 시집

문학의전당 시인선
179

도마뱀과 소문

최옥향 시집

문학의전당

고향에 홀로 계신 어머니께 이 시집을 바칩니다.

시인의 말

모든 강이
바다로 닿는 것이 아니었음을
너무 늦게 깨닫는 저녁
뜨거운 사막으로 스며들어
하늘로 오르다 불시착한
그곳이
아직 내 시의 현주소다

2014년 봄
최옥향

차례

시인의 말

제1부

문득, 소멸이 느리다고 느낄 때　15
구름의 족속　16
허들링이 있던 곳　18
데자뷰　20
나무의 장례　21
굿　22
슬픔의 질감　24
보일 듯이라 불린 사내　26
폭우　28
측면의 비애　30
붉은 기억의 노래　32
개 같은 날들을 향하여　34
피어싱　36
봄밤　38

제2부

손짓　41
버려진 끈　42
뫼비우스의 띠는 탈출을 허용하지 않는다　44
호두, 그 기억의 방　46
울어라 새여　48
비밀의 정원　50
사라진 음표　52
불안한 아침의 소묘　54
오래된 문　56
선인장　58
엄마의 속옷　60
몰입의 공간이 필요하다　62
귀가　64
침묵이 무섭다　66

제3부

수색　69
지구 휴식년제 건의서　70
색깔을 먹는 법　72
어지자지　74
연분홍에 대한 고찰　76
사라짐에 대하여　78
세모 밖으로　80
구멍 속으로 사라지다　81
사라못　82
도마뱀과 소문　84
버려지거나 혹은 밀려나거나　86
그 남자　88
연꽃 속에서 바느질을 하시네　90
시련에 대하여　92

제4부

내 안의 혁명　95
나무와 벽돌　96
잠시 투명한 우주가　98
귀(鬼)거래사　100
잉여인간　102
퍼즐버블에 맞서는 법　104
나른함이 있는 나무의자　106
촉　108
어둠을 사살하는 도시　110
아득함이라는 아득함 속에서　112
언젠가 기록될 내 생의 후일담에 대하여　114
투명한 벽을 지나며　116
깊은 초록의 그늘 속에서　118
인디언 서머　120

해설 │ 환(幻)한 소멸의 경계에 대하여　121
　　　│ 백인덕 (시인)

제1부

문득, 소멸이 느리다고 느낄 때

노을공원
목책을 타고 오르다 마른 메꽃처럼 붙어 서서
한강의 물 주름 사이사이
몇 개의 구름에 새겨진
해독할 수 없는 황금문장들을
지키지 못한 임종의 유언처럼 읽는다

이글거리던 태양의 영혼이 주저흔으로 남은 그곳
금빛의 허공을 날아온 새 한 마리
조객처럼 울음으로 마지막 그 빛을 쪼고 있다

소멸은 짧고

등 뒤에서
오래도록 머뭇거리며 주홍글씨를 새긴다는 것을

아버지

구름의 족속

뼈들이 타닥타닥 부딪히는 불꽃 속을 뛰쳐나온
우리의 족속은
오랫동안 일그러진 눈과 입꼬리에서 태어났죠

당신이 허공에 이룩해놓은 신기루의 성을 빠져나와
예측할 수 없는 내일의 형상을 상상한다는 것은 언제나 짜릿해

잊혔거나 잊히고 있는 유기된 들고양이같이
우리는 높거나 낮거나 휘어진 지층도 사뿐히 오르내리지

룰루랄라
어떤 체위를 원하나요?
뼈가 없는 우리는 언제나 부드럽게 스며들어 합체할 수 있어요
당신의 입속에서 녹는 아이스크림도 될 수 있어요

아, 오늘은 너무나 운세가 좋은 날이군요

당신은 나와 같은 윤기를 지녔네요
우린 긴 머리칼을 갈기처럼 휘날리는 한 마리 백마가 되어
꿈에도 그리는 먼 나라로 여행을 떠나요

안데스 산맥을 넘어 우유니 소금사막이 있는 그곳
하늘과 땅의 접경이 사라지는 비 개인 거울 속
그 데칼코마니에 접힌 우리의 영혼을 찾으러 가요

룰루랄라
세상은 넓고 우리는 깃털보다 가벼워
날으는 새도 통증 없이 통과하고
내일을 지휘하는 바람의 이빨 사이도 마음껏 희롱할 수 있죠

허들링이 있던 곳

포식자가 있는 바다를 향해
맨 처음 뛰어드는 황제펭귄이 되기 위해
수십 개의 유빙을 건너온 그들은
희망은 곧 나그네 앨버트로스의 날개에 지나지 않았음을
두려운 망설임으로 뒤뚱거리며 깨달았다

과감히 그 날개의 깃털을 잘라 얻은 빗자루를 메고
또 하나의 지류 위에 선 사람들

가슴에 형광빛 띠를 두르고
환경미화란 낯선 문자가 동료의 등 뒤에서
투명한 얼음처럼 빛날 때
그때마다 안개로 일어서는 먼지 속
먼 발원지의 부표로 떠 있던 새벽별에서
부은 발등 위로 떨어지던 이름들

천막촌이라는 도시의 변방에서
푸른 새벽이면 가파른 산턱마다 가장 먼저 피어나던 주

홍 불빛 아래
  사부작사부작 돌아와 차디찬 몸을 부비던 무리들

  지금은 남극의 빙벽처럼 뚫린 터널 밖으로
  끝없이 무너지듯 쏟아지는 날카로운 소음만이 위독한
  수색엔
  그렇게 스스로 퇴화한 날개를 가진 펭귄들이 둥근 무리
로 살았다

데자뷰

 어느 낯선 골목길을 지나면서 알 수 없는 기미가 벌레처럼 스멀거리며 기어 나오는 것 같은 예감으로 두리번거릴 때 오래된 돌담 속의 이끼 낀 둥근 돌 하나가 두려움으로 떠는 한 여자아이의 얼굴로 빠져나와 책 속의 부제처럼 읽히고 푸른 칼날에 베인 듯 서늘히 열리는 녹슨 환부 우주에 던져 넣었던 쓸쓸한 기억의 출현으로 내 손이 닿지 않는 등 뒤의 가려움 같은 난감한 더듬기는 멈춰졌다
 이상했다
 그 골목길 돌담 한 부분이 부서진 난파선처럼 널브러진 그곳에서 비루한 생의 한 단면이 읽히다니
 무너진 경계의 공간 사이 담 뒤쪽으로부터 삐져나온 눈부신 초록이 자꾸만 기억을 찌르고 혼란스러웠다 떨어져 나간 기억의 퍼즐 한 조각을 채우는 일은 우리들 생(生)의 무겁거나 또는 가벼운 돌을 쌓아올려 저 뒤쪽의 배경을 지워나가는 일임을
 우리 어디쯤의 시간이 벗고 달아난 뱀의 허물 같은 긴 돌담길이 아슴아슴 놓쳐버린 나를 불러 세우고 있었다

나무의 장례

 지난 폭우의 고통으로 흰 이빨을 드러낸 채 꺾인 나뭇등걸에 자벌레가 바쁘게 몸을 재고 푸른 이끼가 수의처럼 입혀질 때쯤 숲속엔 소리 없이 장례가 진행되고 있었다 몇 가닥 남은 혈류에 건장한 남자의 톱날이 닿자마자 스르르 안도의 한숨과 함께 몸을 누이는 나무, 진즉에 고통을 덜어주었어야 했다 건장한 두 남자가 염을 하듯 가지를 치고 보랏빛 칡꽃이 몸을 타고 오르던 넝쿨을 떼어내자 몸이 가뿐해졌다 그리고 상여를 메듯 어깨에 메고 숲을 급히 빠져나갔다 생의 이력만 둥글게 묘비로 남은 밑동에는 환상통을 앓았던 흔적처럼 굳은 각질들이 떨어졌다 허공에 산란한 잎들이 조문을 다녀가듯 공중을 핑그르르 돌다 두어 잎 살포시 엎드렸다가 주춤주춤 물러난다 숲의 변방에서 불구의 시간을 견디고 떠나 비어버린 둥근 허공 그 방점 사이로 칙칙하고 습한 시간을 헹구며 바람이 다녀간다

굿

그것은 불현듯
내가 매달고 있던 기억의 오지 한가운데로
흰 깃발을 펄럭이며 왔다

깃발은
무녀(巫女)의 신딸이 잡은 대나무 가지 사이를
점점 빠르게 미친 듯이 흔들며
오, 바람까지 불러내어
휘리릭, 쉬이익 붉은 입술 사이로 새어나오던 휘파람소리
마당의 어둠을 출렁이며
내 할머니의 흰 무명 손수건을 적실 때
좀처럼 검은 구름을 빠져나오지 못하는 달을 힐끔거리며
아이는 두려운 눈으로 내다보고 있다

빼앗겨버린 영혼을 부르는 그녀의 야윈 어깨 위를
휘몰아치며 춤추던 댓잎 속의 가락이
한순간 죽비처럼 내려치자
비로소 구름 속을 빠져나온 달이

바리공주의 옷자락으로 마루 위를 올랐던가
무릎에 고개를 파묻은 그녀의 하얀 손을 이끌던 달빛

아이가 몇 겹의 색종이를 잘라 펼치자
격자무늬가 출렁이며 나타나고
색색의 고리와 사람의 형상
그리고 몇 번을 접자 그녀가 타고 떠난 배가 되었다
몇 점 불꽃으로 사라질 것만 같은
그러나 끝내 접지 못한 흰 종이에 대한 두려움은
오래도록 머릿속을 휘돌았다

세상의 모든 소멸 앞에 부르던 노래는
의문 부호가 되어 세상을 떠돌고
간간히 만장을 흔들던 선소리 가락 같은 음표만
대나무 바람에 걸려 있다

슬픔의 질감

딱딱하고 큰 플라스틱 용기에 담긴 한 컵의 물
내 슬픔은
자신만을 으스러져라 껴안고
물방울처럼 빙빙 돌다 끝내는 풍장 되고 말지
바람의 껍질 같은 무늬만 남기고 소멸의 향기조차 없이

습윤의 질감은 슬픔의 낙원이야

직선으로 내리는 비
거칠고 단단한 표면에 떨어져 솟구치다 혼절하여도
다시 깨어나
그 낙원에 불시착하고 싶어

소리 없이 스미어
한 그루 외로운 나무의 물관을 타고 부름켜로 누웠다가
기화하여 슬픈 구름으로 흐르는 것
그것은 지상에서 바라보는 시각의 문장

양떼들…… 새의 깃털…… 오, 하느님의 형상

누구는 간밤의 우레 속에서 은빛 피리를 얻었다는데
할, 하고 허공을 가르는 내 슬픔의 형상을 만나보고 싶어

나는 아직 추억의 비문 하나 얻지 못하고
구석방에서 구름만을 주무르고 있어

쉿! 문을 닫아
구름이 빠져나가기 전에

보일 듯이라 불린 사내

내 기억의 뒤란에서
문득 이명처럼 우는 따오기

개밥바라기 뜨는 저녁답이면
발소리도 없이 노래로 와 대문 밖에 서 있던
그래서 이름이 되어버린 거지 사내
그 낮고 음울한
보일 듯이 보일 듯이 보이지 않는
따오옥 따오옥 따옥 소리 처량한 소리

오르골 속 영원히 늙지 않는 노래
오오, 그리하여 잃어버린 내 사랑 같은 이여

머리에 꽃을 꽂고 웃던
분이의 슬픈 맨발처럼
지게 위의 나뭇단 속에서 떨던 진달래 같은 얼굴

돌멩이를 던지지 마세오

전 그냥 기장다리* 아래 모여드는 아이들에게
따오기를 가르치고 싶었을 뿐이에요

저·는·미·치·지·않·았·어·요

폭력적인 그 질곡의 시대에
한때 음악 선생님이었다는 사내
구겨지고 접혔던 생의
해진 실밥 틈으로 새어나오던
첫 울음 같은 그 노래
보일 듯이…… 보일 듯이…… 보이지 않는……

---

*부산 기장 고향 마을에 있는 다리.

폭우

비의 근육은 탄탄했고 치밀했다
바람이 창을 움켜쥐고
절정의 비명을 내질렀다
구름의 인해전술은 성공적이었다

찢어진 강의 옆구리마다
불어터진 붉은 내장이
울컥울컥 쏟아졌고
바람은 그곳의 틈새로 몇 구의 사체를 은닉했다

그곳이 강의 가장 불안한 환부였음을
오진한 의사처럼 허둥대는 사람들

간밤의 바람은
그 배후의 하수인에 불과했다
나뭇잎이 유인물처럼 뿌려진 허공으로
내통한 바람이
온몸을 던지고 실신한 구름을 거두어갔다

사나흘 가슴을 압박하던 흉통이
비가 그치고 나서도 공명통처럼 울었다

측면의 비애

내 측면만을 말하는 친구가 있다
이것은 단면만을 보인 나의 잘못인가

축축한 그늘로 도배된
툭 건드리면 검은 물이 배어나올 것 같은
지하방의 바깥쪽 벽면
바람이 수만 번 두드려 멍이 낭자한
두려워 초대하지 않은 친구가
하필 그 바람벽을 종종 두드리다 간다

어느 날 도청당한 비밀의 한 페이지가
불온한 낙서처럼 함부로 읽히고
슬그머니 블랙리스트에 오른다

무장해제된 한 면
그 방향으로 조금씩 허물어지며 흔들릴 때
나는 전생에 왕비였으므로
잃어버린 왕관을 위해

이승의 노역은 숨어서 받는다는 내용의
찢겨나가버린 책 속의 몇 페이지
그 미치도록 궁금한 의문을
그가 아무렇게나 채워 넣는 이야기들로
나의 한 측면이 불안하다

단 한 번도 진실을 말한 적이 없는 저 검은 벽은
내 등 뒤의 내력 같은 것이다

붉은 기억의 노래

뱀이 지나간 냉기의 시간들
그 덩어리들을 삼키지 못하고 우물거릴 때
저 밑바닥에서부터 공명하는
빅토르 최의 울음을 노래로 듣기까지

불우한 날의 뺨을 후려치던 큰 손바닥
첫 경험의 생을 도굴당하는 그 끈적한 미친 음향들을
술잔의 수위로도 삭히지 못하고 불협화음으로 끅끅될 때
범람하는 붉은 토사물을 먹고 표류하는 무서운 침묵들

먼 우주의 은하수 한 자락 끌어내려
오늘 또 하나의 더미를 통과하면서
주술사의 주문 같은 한 소절을 반짝 별 하나로 입안에서
사탕처럼 뱉어낼 때
울음 뒤끝의 웃음처럼
어두울수록 새벽이면 더욱 빛나는 별을 노래할 때까지

무성한 비명이 부딪치는 창에 기대어

침묵을 흔드는 그 빗방울을 노래하기까지

새의 천만 마디 말에 귀 기울여
숲을 지나 바람에 묻어온 새들의 울음이 하나의 화음으로 들리기까지
우리는 새의 길인 숲을, 허공을 아파해야 하리

아득하고 먹먹한 붉은 기억의 상처가
이 지상에서 한 점 떨리는 불빛의 선율로 흔들리고
그 슬픈 발성법으로 가만히 등을 두드리는 노래
먼먼 상류를 거슬러 올라 발원지의 그 속살거림으로 노래하기까지

개 같은 날들을 향하여

짱돌은 날리라고 언제나 거기 있었다

불끈 쥔 분노와 무거운 내 영혼을 끌고
가뿐히 날아가 명중하지
경쾌한 파열음과 함께

강, 거기에 한없이 푸르게 열려 있는 백발백중의 과녁이 있었으므로
  목표물을 향하여 스스로 걸어 들어간 버지니아 울프의
  코트 주머니에 가득 들어 있던 돌

  거대한 유리벽, 거기에 강을 건너간 노을이 붉게 타오르고 있었으므로
  밤마다 울면서 호명한 것들이
  명중하는 순간 독이 묻든 꽃으로 아름답게 피어나는 피의 향연
  젊은 뫼르소가 겨냥한 태양의 뒷모습이었어

이미 교미가 끝나고 배란을 멈춘 이 생의 헛헛한 현기증으로
비겁한 용기가 쏘아 올린 무기는
단단히 익어 스스로 떨어지는 울분을 눈물로 배웅하고
쓸쓸히 돌아서지 혁명도 없이

고장 난 라디오를 탁탁 세게 더 세게 쳐보는 것은
가난한 우리의 최후의 수단
그러나 기적처럼 이 누대의 학습으로도 세상은
화답하듯 화들짝 꽃피우기도 하는 것이더라
형상기억합금처럼

피어싱

 의사는 내 내부의 어딘가에서 새벽마다 내지르는 비명의 진앙지를 끝내 찾지 못했다 번호표를 쥐고 호명을 기다리는 내륙 깊숙한 크레바스 속에 조난된 상처를 찾아 젖가슴을 더듬으며 주파수를 맞추어보지만 모니터엔 빗줄기와 안개 기류만이 직직 흔들릴 뿐 나는 앞가슴을 재빨리 여미며 아직도 나를 떠나지 않은 수치심에게 일말의 감사함을 느낄 뿐이었다

 어느 날 버려졌던 상처의 눈물이 골짜기를 흘러내려 비로소 그 현장을 적나라하게 드러낼 때까지 녹슨 경첩같이 퇴화하여 점점 깊고 볼품없는 배꼽 근처 나의 알 수 없는 내부의 문 앞에 둥근 피어싱이라도 해볼까요 밍밍하고 허전한 방문 앞에 리스를 걸어주듯이 사춘기 아이의 걸어잠근 문 앞에 매달린 소통의 메시지가 문 안의 기미를 여진으로 반짝이며 흔들릴 때

 톡톡 응답이라도 할 수 있는 부호 같은, 이건 오래 방치한 변명의 표식이자 문 앞까지 자주 도달하는 상처를 향한 격려의 동그라미지 머리 위에 손을 올려 둥근 하트 모양을 보여주는 것과 같이, 아직도 내벽을 타고 올라온 무

녀의 신음 같은 낮은 휘파람소리가 몇 차례 다녀가고
　오늘은 무심한 그 의사와 하룻밤 자고 싶은 날이었어

봄밤

꽃잎에 화살표가 묻힌 벚나무 밑을 지난다

그 궁륭 속

바람이 꽃잎 두께로 불고

아무리 쌓여도 투명한 분홍의 무게

금지된 숲속에 숨어들면

훅, 일어나는 정염 같은

황홀한 침략

문득 방향을 잃고

꽃잎에 화살표가 묻힌 벚나무 밑을 지난다

제2부

손짓

어머니
오늘도 아릿한 손짓
말씀은 없고 여위고 흰 손만 남아
조금씩 멀어지며 손짓하시네
젊은 날 새벽장 내달리듯
안개 속으로 사라질듯 손짓하시네
오체투지로 가는 내 무릎이 다 해져도
따를 수 없는 거리
언제나 그 자리에 서서
뛰는 법에 서툰 내 길을 밝히려
허방을 피하라고
너덜겅을 피하라고
멀리서 굽고 흰 등이 무슨 물음표 같아
시선을 거둘 수 없는데
어머니
자꾸만 자꾸만 허공이 닳도록 손짓하시네
조금씩 멀어지며 손짓하시네

버려진 끈

버려진 끈 가장자리에는
한 손을 놓아버린 그리움 같은 것이 있다
지난날 함부로 낭비해버린
두 손 높이 흔들던 순결의 깃발 같은

후미진 곳에 넘어져 있는 배반의 시간들을
수술대 위의 상처처럼 봉합할 수 있다면
그는 아직도
피 흘리는 상처 위에 서로를 껴안거나
부당해고된 노동자의 펄펄 끓는 붉은 분노
그 이마를 싸매던 세월에도 녹지 않을
그 시간들을 기억해낼 수 있을까

어느 바람 몹시 부는 날
아파트 뒷산 송전탑 위에 걸려 울다가
여기 산책길 길섶으로
자진하듯 곤두박질쳤을 것이다
그는 어쩌면 집이 없는 벌레처럼

또 다른 꿈을 꾸고 있었는지 모른다

주위는 시위가 끝난 평정처럼 고요하고
가장 낮게 지나는 바람만이
슬쩍슬쩍 그의 안부를 묻고 있다

뫼비우스의 띠는 탈출을 허용하지 않는다

TV 화면에 어지럽게 돌아가는 롤러코스터를 보면서
문득 뫼비우스의 띠를 생각했다
결코 굴레 밖으로 낙하하지 않는 원심력이 작용하듯이
우리들의 탈출은 더 이상 탈출이 아니라는 것을
직선의 처음과 맨 마지막을 슬쩍 비틀어 연결하면
그 처음의 쾌락과 마지막의 절벽에 매달린 운명처럼 하나의 길이 된다
황홀한 역정도 문득 뒤집어놓은 버선발처럼 허무해질 때
탯줄 같은 길은 자궁의 안온한 귀환을 꿈꾸게 한다
직선은 언제나 칼날을 쥔 손처럼 위태로웠다
이제 저 속에 한통속이 되어 직선 위에서 등을 떠밀던 바람의 파편을 보며
우리는 맨 처음의 상처와 만나 화해를 해야 한다
분탕질이 오히려 처음의 길을 내듯이
자, 이제부터 시작이야
너무 가까이 바라보아 어지러웠던 활자의 행간에서
조금만 양보하듯 물러서보면
끝없는 에움길로 이어지던 언덕배기 삶들도

매직아이 그 한 편의 단조로운 그림처럼 돋아나오고
이제껏 뒷면이라고 걸어왔던 길
우리는 더 이상 저 앞면의 모습을 궁금해하지 않아도 된다

호두, 그 기억의 방

굴곡진 삶
지도 위의 협곡 같은 몸을
동그랗게 말아 안은 둥근 동굴의 소리를 듣는다
어디 하나 싹 틔울 씨눈조차 보이지 않게
으스러져라 껴안고
골마다 바람도 없이 풍장 되어가던
깜깜한 벽 속의 간극을 재어보던 소리
늙은 동굴 같은 안방에선
언제나 할아버지의 깊은 시름을 알리는
염주 굴리던 소리가 났었지
손수 앉힌 마당의 징검돌을 건너면
그 끝에서 빛나던 항아리들처럼
한때는 고소한 젖빛 냄새로 흐르던 방들
다시는 정정한 한 그루 나무로 서지 못한 채
오랜 세월을 앉은뱅이로 홀로 견뎌야 했던
목수였던 당신의 호두빛 깊은 주름
달그락, 달그락
둥근 방문 고리를 흔드는 바람소리와

집 모퉁이에 서서 늙어버린 지팡이처럼
언제나 마른 삭정이 냄새가 나던 그 기억의 방
툭, 딱딱하게 굳은 손아귀에서 마지막 떨어져 구르다
목침 위에 나란히 놓였던
유난히 반질거리던 그 두 알의 호두
결코 소멸되지 않을 단단한 기억 하나가
지금 흔들리며 걷는 내 호주머니 속에서
자꾸만 환한 밖을 기웃거리고 있다

울어라 새여

눈이 그치자
새 한 마리 나뭇가지를 오르내리며 운다

추추추워 추추추워
울음의 마디 끝에 흩날리는 눈발
언 발을 올려놓을 무릎 같은 가지를 찾아 운다

얼어 죽은 화초를 버리러 내려왔다가
그 소리를 올려다본다
소리를 본다는 건
눈동자만 한 내 집 창으로 그를 들이는 것

추추추워 추추추워
울음을 기록한 나무가 다시 봄
그 격렬했던 울음을 노래로 기록할 때까지
울어라 새여
차디찬 냉기로부터 날아오르며 울어라 새여

울음이 날아간 아파트 옹벽 밑

풍경의 가지 끝

내 생의 한 울음이 가만히 흔들리는 늦은 오후

비밀의 정원

그 정원에는 바람의 관여가 가장 치명적이다
음지식물이 주종을 이루지만
불쑥불쑥 눈을 찌르는 햇살이 속성으로
속내를 드러내 보이기도 해서
내 것이 아닌 웃음을 거두는 것처럼 난감하다
그곳엔 아직 들키지 않은 고사리처럼
지상의 가장 낮은 무릎걸음이 제격이다
주인은 쥐똥나무 울타리 그늘에 그림자를 숨기며
움켜쥐었던 상처에 막걸리 잔을 기울여 붓기도 한다
마지막 수묵화 한 점이 풍경으로 걸릴 때까지
정원은 사생활이란 문패 안에서 몰래
다양성의 색깔을 잃어가고
시나브로 채마밭이 되어간다
바람이 허락한 까마중 방아 쇠비름 도꼬마리 뱀딸기 머위들
그 위에 시간의 부표처럼 떠 있는 고향
금 간 틈을 비집고 번지는 그리움의 시간 속에서
화려함이 떠나고 남긴 순결한 문장들에도

어쩌다 눈먼 나비가 날아들면
가려움으로 여기저기 일어서는 기미를 다스리는 일로
찬란한 슬픔의 봄은 시작되고
굳이 거부하지 않는 것은
그 후로 사계절을 견디는 온기를 놓고 가기 때문이다

사라진 음표

하늘에서 새들이
후두둑 검은 음표로 떨어져 내렸다

저 허공의 마을에 무슨 일이 있었는가

수천 마리의 찌르레기가 일제히 날개를 접고 추락하자
비로소 올려다본 빈 오선지의 적막
격렬한 저항의 흔적은
다만 눈을 감은 것과 뜬 것의 차이뿐

피사체를 조금만 흔들어도 악보가 되었던 무한의 배경에
접혔던 커튼이 내리듯 안개가 내리고
음 소거된 모래시계의 한쪽처럼
지상에서 과녁도 없이 쏘아 올린 폭죽
그 빛의 공포를 암묵 기억으로 끌고
남은 새들은 어느 변방을 돌며 굳은 혀를 묻고 있는가

연민과 구원의 거리

찢어진 노트 속 몇 줄의 유서도 없이
몇 년 전 아파트 베란다에서 몸을 던진
내 이웃 여자와의 거리만큼
먼

불안한 아침의 소묘

깜깜하고 음습한 우물 속
눈동자 같은 희미한 빛 하나를 좇아
추락의 아찔한 공포에 시달리는 꿈을 꾸다

리트머스종이처럼 스며든 불안이
충분히 휘발되기를 기다려 비로소 눈을 뜬다

아침 창밖으로 작은 목련나무 가지 끝 직박구리 한 마리
불안을 의심하는 순간순간
몇 개의 가지와 꽃을 오르내렸다

누가 저 나무를 조율하는가
새의 무게와 휘청거리는 꽃이 시간차공격처럼 절묘하다

새들의 날개를 잠시 망각한
너무 쉽게 설득당하는 내 불안이 불안하고 불편하다

밤사이 부력의 하중을 받지 못한 채 추락한

내 시(詩)의 구겨지고 흰 자음과 모음들이 뒤척이고
목련나무 밑으로 스며드는 아침 햇살을
조금씩 끌어당기고 있었다

오래된 문

내 기억의 통로로
그가 들어왔다
눌눌한 책갈피 속에서
탈출하듯 떨어져 내리는 한 장의 사진

너무 오랫동안 닫혀 있던
낡고 녹슨 문이 열리자
뿌연 먼지들이 당황하며
햇살 속으로 몸을 서서히 내보였다
젊은 날, 스스로 눌러 죽여 버렸던 시간들 속에서
폐가의 뒤란 같은
그 유폐되었던 지나간 모습들이 보였다

스스로 삭아져 내린 건
살아오면서 앓았을 감기 같은 기억들이었다

우리가 추억이라고 쉽게 부르지 못할 이름에는
아무리 흔들어도 넘어지지 않는

깊이를 알 수 없는 뿌리를 가지고 있어
아직도 안개 뒤에 서 있는
그을린 나무의 껍질을 벗기면
생목의 향기가 날 것 같은
그 그림자의 가장자리만 맴돌고 있었을 뿐
닫혀 있는 문 저쪽에서
혼신의 힘을 다해 두드리는 소리에
귀를 열지 않았다

선인장

오늘 아침 선인장 하나가
갑자기 몸을 꺾었다
스스로 주저앉을 때까지
물러버린 속을 감춘 그의 고집을 들여다보는 그 시각
TV에선 생활을 비관한 한 가장의 주검을
한강에서 건져 올리고 있었다
그가 건너온 사막의 모래바람이
다리 위의 푯말을 지우며 지나가는 모습이 보였다
잠시 가슴에 서걱거리던 모래알들을
눈물로 밀어내는지 눈앞이 흐릿해졌다
상처 속에 눈물을 저장했던 것인가
수위가 머리 위로 차오를 때까지
가시까지 곧추세운 채 버티다가
삶이 문득 굴욕적이라고 느꼈을 즈음
오래도록 재워둔 슬픔 하나가
매듭 같은 가시가 되어 일어서고 있다
황사바람 뒤에 숨은 세상의 봄을 믿기에
우리는 조금씩 바람의 방향을 따라 몸을 눕히지만

가끔은 눈을 뜨고
바람 속에 홀로 선 사람들을 바라보아야 한다
너무 늦지 않게
한 번쯤 그의 이름을 불러주어야 한다

엄마의 속옷

낡고 투명한 껍질 같은 민무늬 팬티
그중 하나의 구멍 속에
손가락을 넣자
씨줄 날줄은 맥없이 길을 내어주었다
그것은 웃음과 장난으로 유도한
교묘한 확인사살 같은 것이었다
고단한 시간이 지나온 수많은 기착지 같은
숭숭 뚫린 구멍 속으로 들여다보는 한 생이
우리가 먹고 남은 포대 자루처럼 모로 구겨져 있었다
고집으로 끌어안고 있던 미련의
휴지부 같은 것인 줄도 모른 채
벽에서 끌어내린 마른 꽃대의 가시처럼
그녀는 눈을 흘겼다
한평생 민무늬로 감싼 당신의 성소(性巢)
이제야 겨우 읽어낸 책의 표지가
빛을 모두 쏟아버린 창백한 낮달처럼
트레이싱페이퍼 뒤에서 희미하게 읽혀졌다
마지막 경배를 올리듯 분홍 꽃무늬의 휘장을 바치자

낯선 길에서 만난 꽃처럼 생경한

그 날것의 비릿한 향이

익숙하고 낡은 것들을 흔들어 깨우고 있었다

몰입의 공간이 필요하다

감옥을 꿈꾸었다, 혁명을 감행하듯
절망을 구겨서 밀어 넣으면
비로소 안도하는 희망을 위하여
절대의 침묵과 간통하고 싶다
은밀한 야반도주처럼
뒤통수로 휙휙 돌멩이가 날아드는 바람소리가
빗장 안으로 들어와 휘저어도
결코 닿지 않을 폭력의 거리
딸깍, 탁, 구멍의 쪽문을 닫으면
마지막 남은 눈알만 한 틈조차 닫으면
허공을 날아와 꽂히는 언어의 파편에
축축하게 난사당하는 외벽
적막한 밤, 바람의 언어로 울던 문풍지 소리여
방음벽을 두드리다 돌아서기를 반복하는
그 언어의 여진으로
문밖의 겨울은 지나가리라
나 자신을 고발한 시간도
겁탈당한 여자의 한 기억도

낡은 수첩 안의 붉은 선으로 지나가리라
알몸으로 서서히 몸을 여는 사유의 꽃잎
그러나 너무 깊게 뿌리는 내리지 않게
제 속의 숙성을 기다려
밀랍의 향이 가득한 공간을
솟구쳐 날아오르는 이카로스의 날개

나는 지금 몰입할 공간이 절실하다

귀가

늦은 귀갓길 지하철 안
허물어지듯 스르르 몸을 기대오는 난감한 무게
이 시간 마알갛게 눈뜬 나 자신이 불현듯 부끄러워
가장 가볍게
들숨조차 조심스럽게
그의 무게만큼의 피로를 받쳐준다
허름한 작업복이 들었음직한 배낭을
마디 굵은 손으로 깍지 끼듯 온몸으로 끌어안은
늦가을 홍시의 단내 같은 잠
그 작고 낮은 신음 같은 코 고는 소리를 달게 듣는다
마치 내 일상을 알고 있는 손을 뒤로 감추듯
펼치고 있던 시집을 조심스레 가방에 넣으며
설령 이 사람이 어느 낯선 남자라도 상관없었을
기꺼이 이 어둠 속을 달리는 육중한 바퀴의 흔들림에
가장 자연스럽게 동행하고 싶었다
기차는 거대한 도시의 미로 같은 동굴 속을 빠져나와
한강철교를 가로질러 달리는 사이
바퀴의 잦아드는 덜컹거림에 익숙한 듯

아주 맛있는 음식을 먹고 입 주위를 훔치듯
흘러내린 파마머리를 쓸어 올리며
기우뚱 끼우뚱 시야에서 사라졌다
그가 떠안고 있는 지친 삶의 무게와
방금 내게 기대와 머문 작은 몸의 실루엣이
깜깜한 차창에 클로즈업되어 왔다

침묵이 무섭다

들여다볼 수 없는 그 말없음이 무섭다
앙 다물고 있는 조개의 속
끝내는 예리한 칼날이 되게 하는
그 깜깜한 죽음 같은 빗장이 무섭다
바알간 발이라도 슬쩍 내밀어준다면
내가 자라온 바다
그 익숙한 냄새라도 훅, 풍겨준다면
표피에 긁힌 상처야
돌부리에 넘어져 무안해진 표정쯤으로 털어낼 수 있지
언젠가 빙빙 너의 침묵 그 가장자리를 돌다가
삐걱, 문소리도 없이
한순간 맥없이 열리던
그때 그 텅 빈 집 속의 황당함도 무섭다
아직도 문고리를 흔들고 있는 내게
혼신으로 저항하는 너의 그 체념이 무섭다
잉걸불 위에서
울컥 눈물 같은 비릿한 몸 열어젖히던
너의 비장함이 무섭다

제3부

수색

 닭장이라고 불리던 그곳 며칠에 한 번씩은 퓨즈가 나가던 한 지붕 일곱 가구의 사람들은 파도가 밀어낸 해초의 숭숭 뚫린 구멍 같은 상처 하나씩을 가지고 있었다 도시의 가장자리에 웅성거리며 모여든 부유(浮游)한 흔적들이 대문 밖 쓰레기 하치장을 끼고 방치되고 있었다 밤이면 마당에 앉아 서로의 상처에 부어주던 소주병 쓰러지는 소리를 들으며 때때로 그것은 루핑 지붕 위에 떨어지는 빗방울 소리와 같다는 생각이 들었다 아이들은 뒷산 언덕에 지천으로 피는 애기똥풀처럼 미로 같은 골목을 채우며 자라났다 자고 나면 늘상 문지방을 넘어오는 새로운 소문들은 대체로 울타리를 지키지 못한 여자들의 허술한 속옷 같은 이야기였고 열사의 땅으로 돈 벌러 떠난 아빠를 홀로 기다리는 아이들에 대한 이야기였다 과부하를 알리는 퓨즈의 불협화음에도 익숙해질 즈음 붉은 모자를 쓴 망치가 들이닥쳤다 그렇게 산자락 따개비 같은 집들은 사라졌다 굴종조차 없는 참으로 무서운 평정이었다

지구 휴식년제 건의서

 저희들을 사랑하사 머리 위와 발끝에 광활한 빙원을 놓으시고 링거액처럼 흘려보내는 빙하로 해마다 뜨거워지는 지구를 조율하심을 알겠나이다

 지구라는 이름으로 푸르게 빛나게 하시고 오래 견디고 감싸주심을 오호, 통재라 이제야 알겠나이다

 나뭇잎 한 장에도 머문다는 당신
 70억 인간이란 부끄러운 이름으로 건의를 드리오니 부디 저희들을 노여워하시사 용서하지 마시옵소서
 원형 탈모증으로 번져가는 가슴의 사막과 지르잡고 씻어도 되돌릴 수 없는 오지랖의 얼룩들이 참으로 부끄럽사옵니다

 계절은 뫼비우스의 띠처럼 시작과 끝을 잃어버리고 연약한 꽃들이 어리둥절 꽃을 피우고 있나이다 피보나치수열이 서서히 궤도를 이탈하고 해바라기는 더 이상 배란을 꿈꾸지 않겠지요 이제 우리는 속수무책이 한량없으며 우

리는 더 이상 만물의 영장이 아님을, 함부로 먹어치우는 축생일 뿐임을 고백하나이다

덤으로 얹어주신 모든 쾌락을 거두시사 자연으로부터 저희들의 격리수용을 명하시어 한 백년 유예기간을 두시고 저희들이 주인이 아님을 다시 한 번 천명하시옵소서

마지막으로 염치없는 부탁이오나 이 지구의 가장 오지에 내려주시는 인디언 서머는 거두지 마시옵고 누군가 오래 염려하다 죽은 영혼을 기억하시어 지금의 그들에게도 볕뉘라도 한 줄기 놓아주소서

그리고 빈집의 자물쇠처럼 침묵하소서

색깔을 먹는 법

 갓 구운 빵 냄새의 유혹 같은 쇼윈도 속 멋진 옷의 향취를 느껴보실래요 선택의 예감에서부터 감히 운명이라고 말하고 싶어지는 색채의 맛도 있답니다 그들은 개성 있는 피부와 목소리 그리고 빛깔을 가졌어요

 우선 호흡을 가다듬고 손바닥으로 천천히 적요한 한낮 풀잎을 스치는 오월의 바람처럼 지나세요 그리고 엄지와 검지로 혀를 둥글게 굴리듯이 참, 이땐 두 눈을 지그시 감아야 해요 눈을 뜨면 사라지는 감미로운 키스 같은 거죠 그다음 손에서 입안으로 건너가는 질감과 색감을 음미하세요 생애 처음 비로소 빛깔의 맛을 느끼실 거예요

 물풀 무늬가 있는 푸른 옷에선 안개 낀 새벽 강물냄새가 나요 바다의 짙고 강한 맛보다 목 넘김이 훨씬 부드럽죠 아니 어쩌면 당신은 파도소리 같은 강한 맛에 길들여 있는지도 모르죠 그렇다면 독한 술에 길들여진 미각을 살살 어루만지는 투명에 가까운 빛깔의 여리고 담백한 맛부터 시작하세요 그다음 조금씩 아청빛, 갈맷빛, 치자빛 같은

퓨전식으로 넘어가세요 정말 색다른 별미 같은 자줏빛, 보랏빛에선 어쩐지 몽환적인 맛이 나요

 마지막으로 모든 색깔을 섭렵한 뒤엔 위악 같은 검은 옷도 취해보세요 세상의 뒷골목에서 소리치는 악다구니처럼 쓰디쓴 독설의 맛이 날지도 모르지만 내가 아는 검은 빛은 알 수 없는 묘한 중독성을 갖고 있죠

 세상은 점점 난해한 덧칠로 무게와 순도의 경계가 모호해져가고 있어요 무감각해져가는 입맛을 찾아 우리 이제 오래된 추억의 맛보러 가실까요

어지자지

아프로디테의 아들 헤르마프로디토스가
요정 살마키스의 유혹으로 가지게 된 두 개의 성(性)
연리지의 영혼에는 그 호수의 연대기를 지나온 바람의 정령이
떠나지 않았음을 경고하는 것일까
너도밤나무의 잎맥 속에는 집요한 유혹의 피돌기가 있어
바람이 지날 때마다 소리가 먼저 일어선다
커밍아웃을 선언한 그 남자에게서 우리는 일찍이 예감한 기미가 있었다
우리가 기억할 수 있는 건 고작 자궁이란 기착지 그 이후의 생(生)
기시감이란 상처에서 은연중에 배어나온 내 피의 무늬를 보고 놀라는 것
꽃은 볼 수 있으나 그 뿌리는 볼 수 없고 너도밤나무가 수천 년을
너도밤나무이게 하는 그 연대기를 믿어왔을 뿐이다
그 남자의 연대기에 침을 뱉는 것은 완전하다고 믿어온 내 색깔의

오류로부터 시작되었다

붉은색을 오래 들여다보면 가장자리에 슬픈 보랏빛의 그림자가 흘러내린다

당신의 수상한 그 그림자가 미래의 어느 행성에서 수상할 수도 있을 것이다

그의 내면을 무자비하게 도굴하려 하지 마라

그는 지금 맹렬한 추락 속에서 감지해낸 제 피의 무늬를 고백하고 있는 중이므로

연분홍에 대한 고찰

아직 깨어나지 않은
저 미명의 한지를 스미는 노을
두려움으로 떨어뜨린 한 방울의 초경 위에
비로소 복숭앗빛으로 피돌기를 시작한
문밖을 막 나선 소녀의 첫 발자국
연분홍은 범람하는 강물처럼 달려오지 않고
꽃이 피어나듯 스미어 와서
세상의 어둠에 눈을 깜박이는 별이 되었다
모든 연분홍은 순백으로부터 온다
그러므로 흰색은 분홍의 배후이자
우리가 마지막 돌아가야 할 귀환이며 집이다
흰색은 소리하지 않는 명사며
분홍은 조심스레 내딛는 동사다
우리가 간직한 모든 첫사랑의 빛깔
지금 내가 가지고 싶은 비밀의 농도
순백의 광야
설원을 밟고 지나간
발자욱에 고인

슬픔 같은 아니 아니 꽃 같은 빛
이제 흰 벽에 기대어 서서라도
남은 내 슬픔 또한
너무 짙지 않은 연분홍이었으면 좋겠다

사라짐에 대하여

언덕 위의 나무 한 그루
시야에서 사라진다

어스름 저녁, 익숙했던 실루엣
지금은 아청빛 하늘 한 자락만이
낯선 얼굴로 내려다보고 있다

다만 눈길로만 기대며
결코 몸은 기댈 수 없는 둔덕 위에 서 있던
밋밋한 일상 속의 푸르렀던 배후
잘못 놓아버린 시위의 낭패감처럼
허둥대는 이 생소한 상실감

수면 위에 던진 돌 하나의 침몰은
물너울을 만들며 넘실넘실 풀뿌리를 적시기도 했을 것이다
그 흔들림만으로도
언덕 뒤로 가뭇없이 사라진 나무 한 그루의 종적은

쉽게 사라지지 않는다
그런 것일 게다 삶은 늘 윤곽이 분명치 않게
보이지 않으나 남아 있는 잔영 같은 것

둥실 구름 위에 올랐다가 돌아올 듯
오래도록 거두어지지 않는 시선 속으로
누가 던진 돌팔매인가
작은 새 한 마리 하늘을 가로질러
둔덕 너머로 사라져간다

세모 밖으로

모래시계처럼 뒤집어놓아도
모서리의 각은 안과 밖이 두려움이다
60°의 모서리에 끼어 방치된 곰팡이
세 번쯤의 광기의 시간에 핀 꽃이다
날카로운 욕망으로 만들어낸 허상이다
이제 추억이 없는 일기장을 찢어 모서리를 채우고
가파른 언덕을 굴려 둥근 바퀴가 되려 한다
꼭짓점에 찔려 울던 사랑하던 사람의 눈물이
또 하나의 꼭짓점에 흘러내린다
찌그러진 세 개의 뿔이 닳아
뒤뚱거리는 어설픈 동그라미는
오래전 속도의 시간을 기억해내고
굽은 등과 오그라든 팔과 다리로
혼신의 힘을 다하여 세상과 소통하려 할 것이다
덜커덩…… 어 버 버버
뒤틀린 몸에서 공명하는 불구의 언어
그 소리에 귀를 기울여주는 단 한 사람을 향하여
몸 궁글려 바람 속으로 나아갈 것이다

구멍 속으로 사라지다

 습한 지하방으로 난 작은 창에서 그녀가 우연히 발견한 것은 검은 휘장을 빠르게 빠져나가는 별똥별의 꼬리였다 환상통을 앓았던 그 남자의 낮은 울음을 삼킨 별 하나가 소리 없이 몸을 연 꽃처럼 닫힐 듯 닫힐 듯 명멸하고 한쪽이 조금 헐거워진 궁륭 모양의 달의 터널이 아주 오래전 날아들었던 이국의 엽서를 삼킨 채 아파트 피뢰침에 걸려 연신 노란빛을 깜빡인다 한때 절정으로 치닫는 문장의 페이지들을 밝혔던 것은 결국 이 어둠을 날아간 구멍 속의 빛들이었다 그 남자가 새벽마다 비수 같은 통증을 던져 넣었던 통로에 하나의 백색왜성이 사라지며 내뿜는 흰 그림자가 신음처럼 구멍 밖으로 흘러내리고 있었다 구름이 빠르게 혹은 느리게 소멸과 생성을 하는 경계를 지우며 새벽은 너무 빨리 왔고 또다시 그녀는 남겨졌다

 그녀는 텅 빈 방을 떠나며 어깨에 기대어 웃던 사랑했던 사람의 사진과 클림트의 키스의 그림 그리고 한쪽 가랑이가 돌돌 말린 바지가 걸렸던 못 자국, 가슴을 관통한 결코 봉인되지 않을 그 통점들을 가만히 눌러주었다

사라못*

산 그리메 속 나뭇잎들
하루 종일 바람이 저어대던 햇살
구름이 스윽 지우개처럼
지나가고 나면
국 위에 떠 있는 찌꺼기를 걷어낸 듯
맑은 빛으로 들끓던 둥근 솥

절절 끓던 풍경이 멈추고
허기의 저녁이 오면
불씨로 이어지는 달이
흰 은수저를 척, 걸쳐놓던 곳

그 둥글고 큰 솥은 비워져
이제 빈집의 잡풀만 키우고 있구나
산문에 세워진 아파트 숲 뒤에서
초라하게 식어버린 아궁이 속처럼
재만 풀풀 날리고 있구나

언젠가 단 한 번 못의 내장을 본 적이 있지
졸아든 국처럼 바글거리며
끝끝내 매달리다 풍장 된 생명들

그리움의 폐가에 문상을 오듯
바람이 녹슨 변죽을 돌 때
찢어진 만장처럼 눕는 마른 억새풀 속에서
어른어른
물속의 여 같은 바위 하나 보네
그 위에 내 그림자
두고 나온 빈집의 세간처럼 앉아 있네

―――――

*부산 기장에 있는 연못.

도마뱀과 소문

그녀는 재빨리 꼬리를 자르고
풀숲으로 사라졌다

앙증맞고 귀여웠던 그녀의
굳게 봉인되었던 내밀한 속살이
바위 위에 올려놓은 생선처럼 파닥거렸다
풀숲 어딘가에서 몸을 낮추고 응시하던 눈빛이
밤마다 개똥벌레가 되어 개울가로 내려왔다고
사람들의 들끓는 말들로
꼬리는 곧 몸통이 되었다

마법 같은 알 수 없는 힘에 떠밀려
너무 멀리 가버렸던 우리들 한때의 치기같이
몇 번의 가출로 싹둑 잘려나갔던
그녀의 머리카락 같은 꼬리

몇몇 목격자의 손가락 끝에서
바람은 그녀의 흔적을 흔들며

사라져간 길을 지워나갔다

숲 그늘에 몸을 숨기고
소문처럼 자라는 상처를 핥고 있을 그녀
잠깐의 사라짐은 결코 영원한 소멸이 아님을
그녀가 떠나간 길목을 서성이는
205호 남자의 젖은 바짓가랑이에는
도꼬마리 몇 개만
또 다른 소문처럼 매달려 있을 뿐이었다

버려지거나 혹은 밀려나거나

김치냉장고를 들이며 생각했다
새로운 하나의 자리를 위하여
버려지거나 밀려나는 것들에 대하여
한때는 반짝였던 떨어져나간 비늘에 대하여
푸푸 코뿔소의 뜨거운 숨결을 가둔
유행 지난 꽃무늬 압력밥솥과
사개가 헐렁한 상이 다리 하나를 들고 기대어 있던 자리

보풀이 인 엄마의 사철 꽃무늬 몸뻬를
문득 장롱 깊은 속에서 발견한 날
몇 번의 실랑이 끝에 기어이 버리고 돌아설 때
이미 던져진 헌옷 수거함의
그 검은 허공 안에서
망설임으로 잠깐 머뭇거리게 했던
문신 같은 기억의 꽃무늬 징표 하나

밤사이 천정의 사방무늬 한가운데 별로 떠 있던
문장 하나가 구겨져 버려지는 아침

몸의 때를 밀고 나서는 목욕탕 밖의 바람 속에서
봄 한때 허물어진 담장을 먹여 살리던
개나리가 지고 있다

그 남자

부산한 바다의 물결 같은 동대문
그 한 켠 이층 작은 사무실엔
짙게 배인 잉크 냄새만 요란할 뿐
그 남자는 종일 말이 없다
오직 침묵으로 쌓아올리는 유인물
어쩌다 정물을 빠져나와
구부정한 어깨로 거리를 걸어가면
묵묵히 사막을 건너는 한 마리 검은 낙타 같다
무리 저 밖으로
한동안 뒷덜미 낚아채어 들어내어졌던 기억이
어쩌면 가슴 깊숙이 육봉으로 솟아올라
오래도록 큰 눈만 껌벅이며
푸석거리는 사막을 건너게 한 것인가
때때로 그 남자가
술 몇 잔에 눈을 감고 토해내는 노랫가락
그것은 마치 모래폭풍을 건너와
짙은 속눈썹에 얹힌 뿌연 모래의 무게를 털며
신기루 속 오아시스를 만난 것 같음을 느끼게 하는데

오늘도 그 남자는
방울 같은 마누라도 그저 그저 무심히 지나치며
고개 숙여 사막을 건너고 있는가
버스에서 내려 찾아가는 그 남자의 사무실 창밖으로
뿌연 황사바람 한 줄기 지나가고
흔들리는 간판 밑
허름한 계단을 따라 오르면
건조한 인사조차
기대하지 않아도 좋은 그가 있다

연꽃 속에서 바느질을 하시네

새색시 내 어머니
분홍빛 공방 속에서도 바느질을 하시네
꽃술 같은 노란 얼굴로
묵언수행에 든 스님같이 바느질을 하시네
푸른 달빛이 스며들던
연꽃잎 주름 같았던 박음질
휘청휘청 아버지
바람에 흔들리는 연잎 위에서
방을 흔드시네
요람처럼 흔드시네
바늘에 찔린 어머니
꽃무늬 포플린 저고리 앞섶으로
한지 위의 수묵화처럼 피가 번지네
어머니 문득
닳아서 희미한 나무 눈금자로
옆에 누운 나의 키를 재시네
비로소 어머니
일곱 개의 꽃잎 열어젖히며 나오시네

실밥투성이 치마를 툭툭 털며
입술에 실오라기 묻힌 채로
스윽 나오시며 웃으시네
손바닥에 환약처럼 검게 박힌 내력들
언뜻언뜻 그렁그렁
세미원 햇살 아래 다 보이네

시련에 대하여

남대문 뒷골목
찌그러진 냄비의 갈치찌개를 먹다
얇아진 귀로 잦아드는 찌개의 끓는 소리를 더듬는
비가 내리는 창밖
젊은 날 불꽃처럼 일렁이는 풍경을 배경으로
앞에 앉은 허술한 한 사내의 어깨 위로
안개처럼 잠깐 김이 오르다 사라진다
사내는 저 온기를 위해서
몇 번의 교통사고 같은 상처를 안고 걸어왔을까
찌개를 비우자 밖으로 찌그러졌던 상처가
안으로 둥글게 크고 작은 종양처럼 나타나고
그중 몸의 중심을 흔들었을 가장 큰 상처 하나
숨겨둔 상처를 위로하듯 잠깐 돌아보았을 때
왁자한 뒷골목
낡은 천막 위에 내리는 빗방울에 씻긴 먼지가
재빨리 하수구를 향해 흘러가고 있었다

제4부

내 안의 혁명

한번쯤 우연히 길에 떨어진 시위대의 깃발을 들고 싶다
주동자가 되어버린 무성영화 속 채플린이 되어
한 번도 본 적이 없는 바람의 얼굴을 대면케 될 때
잠시 부서진 의식이 척척 큐브의 퍼즐 소리를 내며 제 위치를 찾아가고
엄청난 밝기의 탐조등이 검증처럼 내 내부를 훑고 지나가리라
바람의 뒤를 따르며 호주머니 속에서 부르르 떨었던 주먹을 위하여
어쩌면 뒤에 서서 몸을 낮추었을 때
바람의 맛을 본 몇 올의 머리카락의 혁명일지라도
그 몇 올의 머리카락이 들어올릴
비만한 내 육신의 무게여, 미안하다
이제 바람에 투신하지 않는 깃발을 펄럭이며
비로소 생의 첫 키스보다 떨리는 내 뒷모습을 보여주리라
자, 나를 따르라 뒤엉킨 꿈의 조각들이여

나무와 벽돌

쿵, 무서운 경고 같은 타격의 울림으로
어린 벚나무의 발등에 정착한 그는
몇 백 년 발효되지 않을 것 같은 단호한 두려움이었다

이제 막 몇 잎의 꿈을 매단 나무가 한쪽으로 휘청 활시
위처럼 당겨졌다 놓여진 자리
그 금 간 유리병 같은 땅에 꽂힌 회색 벽돌은
더러운 욕망의 경계를 부수고 튀어나가
나무의 수호신인 양 제 몸을 세웠다

소녀를 범한 의붓아비의 얼굴에
모자와 흰 마스크를 씌운 세상이 채널이 바뀐 화면처럼
빠르게 지나갔다

아, 흐드러지게 꽃을 피워 제 상처를 덮을 때까지
여윈 가지를 어루만지며 광합성을 간절히 꿈꾸는 어미와
종일 방구석에 쪼그리고 앉아
제 발등만 내려다보고 있는 소녀

창밖엔
작은 새들이 산탄처럼 박혔다 사라진 자리
배들배들 마른 가지 하나가 움찔
경련하듯 흔들리고
또 한 계절이 소리 없이 지고 있었다

잠시 투명한 우주가

왼쪽에서 서서히
빨려들듯
스르륵 호리병 같은 위(胃) 속으로 모이는 구름
아이스크림을 삼켰나?

잠시 투명한 우주가
연동운동으로 출렁이는 사이
피사체 밖에서
아스파라거스의 향취 같은
버드나무 흰 가지 하나를 끌어오다 그만 놓아준다

허공의 틈으로
부력을 얻지 못한 새 한 마리
이물질 뱉어내듯 포물선을 그리며 떨어져 내린다

지금은 휴식 중?

티베트의 어느 설산을 지나면서

노독을 벗고 온
저 투명한 바람에 눈을 씻고
뒤늦은 깨달음 같은 문장을 읽는
지금은 가을이다

귀(鬼)거래사

외로운 귀신이 숨어들기 좋은 곳
인간의 사진에 찍히지 않는 어둠의 옷을 입고
숨바꼭질놀이 같은
으흐흐, 귀신 형용에도 까무러치는 밖의 햇살

목이 멘 시간도 잊어버리고 아직은 서툰 귀신이라
아킬레스의 뒤꿈치를 완강한 햇살에 물리기도 하면서

안개가 낀 날은 안개 뒤에 숨어 슬쩍 산책도 하고
어둠의 자양분으로 스멀거리는 구더기처럼
기어 나오는 시귀(詩鬼)나 불러 술이나 마시면서

어둠에 탄알같이 박혀 어둠이 더 어둠이 될 때
그러나 더는 악취는 풍기지 말고
조금은 정갈한 귀신으로 살아
한때의 내 망명지를 다음의 망명자를 위하여 훼손하지 말아야지

오래된 두루마리 속 늙은 적막 같은 얼굴로
그래도 가끔은 닫힌 창으로 눈길을 주는 것은
한때 사랑했던 것들에 대한 예의이므로

귀를 찢는 소리와 눈을 찌르는 햇살에
심장이 사막의 모래처럼 흘러내리기 전에
한 시절 그렇게 살아 있는 귀신으로 살고 싶어

잉여인간

소모되고 남은 것들은 모두 바람이 된다

그녀는 너무 오래 방치한 자신을 비로소 불러 세운다
그리고 익숙한 것들과의 결별을 선언한다
자신이 벗어둔 몇 벌의 옷의 행방을 묻는 일이란
얼마나 어리석은 일인가를
어느 잡풀 숲에서 제 상처를 핥는 짐승의 울음소리로부터 깨닫는다
그녀의 모든 것은 치욕의 외로움으로부터 흘러나와
꾸덕꾸덕 제 상처를 말리는 황태덕장에서
불면의 붉은 눈을 바람에 씻을 것이다

서서히 번식하는 바람의 무게와
풍장 되어가는 육신을 가늠하는 일은
간간히 눈을 감고 성근 그물에 몸을 부딪쳐보는 일
더 이상 불구의 바람으로 습하게 썩지 않기 위해
그녀는 한 계절 온전히 상처에 집중할 것이다

건천(乾川)은 바람이 마지막 남긴 뼈
그 길게 누운 뼈 위를 선회하며
제 그림자를 각인하고 있는 바람의 영혼
건기를 견딘 바람의 얼개에
늑골 언저리 어린 새의 발자욱 몇 개
꽃처럼 피어 있다

퍼즐버블에 맞서는 법

 폭, 폭 내 고사리 손등에서 사라지던 그 비눗방울은 까르르 까르르 친구의 입속으로도 숨었지요 오랫동안 우리들 배를 채우던 방울들 속눈썹에 반짝 이슬처럼 내려앉았다 사라져간 수많은 비눗방울은 지금 모니터 속에서 색색의 눈을 깜박이며 저와 대치하고 있어요 한때 세상과의 조율처럼 잘 맞지 않았던 구공탄의 둥근 구멍 속 푸르고 붉은 빛들이 주먹비를 날릴 태세로 저를 노려보고 있어요
 빛에 가위 눌려본 적 있나요
 이상해요, 꿈속에서 모든 빛들이 한꺼번에 가슴을 누를 때 언제나 지금도 두려운 보랏빛이었어요 벽을 넘지 못한 꿈들은 갇힌 공간에서 부글부글 부풀어 올라 꾹꾹 결속을 다지듯 스크럼을 짜고 모니터 밖으로 거품들을 토해내요 내가 방치하여 달아나 있는 동안 저희들끼리 야합한 거품들이에요 너무 많은 꿈을 꾸지 마세요 담백해야 해요
 이제 방법은 단 하나
 꽁무니를 물고 나오는 저들을 과감하게 자멸시키는 거예요 링의 반동을 이용하듯 한동안 내 한 몸을 던져야 해요 그리고 나서 조금은 유유자적 너무 늦지 않게 나무들

의 곁가지를 쳐내며 살 거예요 봄날 환한 꽃을 피울 때까
지요
 한때 퍼즐버블 게임에 빠진 적이 있어요
 너무 많은 꿈에 갇힌 적이 있어요

나른함이 있는 나무의자

왜 모든 길은 어두운 골목 끝에 닿았을까요

그 골목길 안에서
크고 작은 격돌들로 가득한 내 생은
이제 도망가거나 놓아버린 어쩔 수 없는 나른함입니다
화들짝 꽃피우는 일은 아직도 꽃인 꽃들의 일
슬그머니 가려워오는 겨드랑이나 긁으며
화르르 날아오르다 떨어지는 꽃잎의 사연들을 받아쓰는 나무의자나 되는 일은 너무 무책임한 나른함일까요
너무 깊이 숨겨놓아 찾아 쓸 수 없는 기억들 위로
뭇별들과 달빛이 스며든 흔적만이
몇 줄의 시로 남아 바람이 불 때마다 나른한 노래로 흐르고
꽃잎과 바람의 격돌을 지켜보며
모든 것은 무심히 지나가겠지요

어제는 산책길에서
지리한 장마를 건너고 있는 모감주나무를 만났지요

그 대책 없는 표정의 사연을 오래 받아 적으며
긴 나무의자의 풍경을 그려보았지요
이제 그 나른함으로 폭우가 지나간 물거울 속에
결코 일렁이지 않을 제 얼굴을 찬찬히 들여다보았습니다

촉

눈물의 기억을 훑으며 돋아나는

어둠 속 번득이는 눈빛

맹렬한 삶의 끝에 매달리는 침엽의 생존 방식은

몇 겹의 그 어둠 속에 봉인한 든든한 무기가 된다

절정의 마디마다 가시를 매달고

그 절벽에서 피워 돌아보는 독이 든 붉은 꽃 같은

오래된 분노는 오래된 농담으로 위장된 날카로움

가시는 그때마다 절벽을 오르는 하나의 계단이 되기도 했다

내 안의 야성이 은밀히 키워

순간 발화를 기다리는 열점 하나는

절대적 방어를 위하여

수시로 허공의 과녁을 향해

비행 중이거나

혹은 추락 중이다

어둠을 사살하는 도시

우리의 빛이 혁명으로 나아갈 때
그림자를 거느리지 못한 가로수는
떠나간 새들이 먼 허공에서 떨어져 내렸다는 소식을
빌딩에 걸린 전광판을 통해 들었다

완전한 어둠을 꿈꾸는가, 어림없지
지구의 오지 끝까지 찾아가 유린하는 잔인한 사수들
명중의 확률만큼 쓰러지는 어둠
그리고 밤새워 광란의 축배를 드는
인간의 눈은 늘 붉게 충혈되어 있다

모서리마다 숨어들어 앓고 있는
점점이 난사당한 구멍과 귀퉁이가 잘려나간 얼룩진 어둠
다리를 잃은 대신
발광의 눈동자를 얻은 불면의 나무들은
해가 저물면 빛의 철창 속으로 떠나가네

눈이 베인 별들은 빛의 물살에 흔들리고

그 허허로운 허공에 펑펑 빛을 쏘아 올리는 밤
캄캄아,
너는 오늘밤도 어느 도시의 뒷골목에 숨어들어 떨고 있느냐

어둠을 살던 개똥벌레의 안부를 묻고 싶어
섬진강변 깊숙한 곳 매각마을을 찾아
어둠을 어둠이게 하는 사람들을 만났다
뒷산 먹빛 그림자를 거느린 바위의 밤을 입은 모습도 보이고
밀려갔던 별들이 그 위에 그렁그렁 박혀
그 별빛의 장력으로
타고 온 자동차가 어둠의 섬에 갇혀
순한 짐승처럼 엎드려 있었다

아득함이라는 아득함 속에서

주체할 수 없이 밀려와
범람하다 낙하하는 그 서늘한 거리

깊은 궁리의 눈 깜빡임도 없이
그저 나른히 놓아버리는 시선으로
12월의 바다로 갔네

빗장이 풀린 방 밖으로 이어진 경부선 열차는
지도상의 퇴화한 꼬리 부분에 나를 유배했네

테트라포드, 그 쓸쓸하지만 단호한 아득함이 있든 곳

밤새 모래에 날을 벼린 파도가
멍하니 벌린 실어증의 입속 깊숙이 내부를 핥으며 소리를 물어 나르고
소리가 아득함의 중심을 베자
첫 피처럼 번지는 햇살

기어이 캄캄한 몸을 밀고
길고 화려한 꼬리 하나 얻으려는가

잠시 아득함의 옷을 입었다 벗는 일
그것은 창끝 같은 바람에
팽팽한 물집을 터트리는 일
아프고 두려운 붉은 속살을 들여다보는 일이었네

언젠가 기록될 내 생의 후일담을 위하여

다섯 개의 골목을 거슬러 오르고
다섯 개의 가로등을 거쳐야
도달하는 집이었네
예고 없이 나가는 불안불안한 가등이
사육한 쓸쓸한 가축 같았네

나는 서서히 문자를 잃어가고
절망이 자연스러워졌네
언젠가 기록될 내 생의 후일담을 위하여
순종에 투항했네

순종의 바다엔
치욕과 오욕이 둥둥 떠다니고
그것을 먹고 마시며
나는 점점 전사가 되어갔네
대문 밖으로 누각의 조각들이 연탄재로 쌓이고
수시로 내다버렸네

전사가 갖는 문자는
허공에 부조해놓은 꿈의 꿈을
통통 풍선처럼 쳐올리며
울면서 베는 것이었네

30년 전의 수색동은
거대한 서울의 경계에서 울리는
변방의 북소리 같았네

투명한 벽을 지나며

햇살도 거부하며 신선도를 자랑하는 쇼윈도 앞을
낡은 계몽의 표어 같은
진부한 표정 하나가
자막처럼 겹치며 천천히 지날 때

손바닥만 한 미니스커트 마네킹의
미끈한 다리 사이에 머문 몇 초

영정사진을 찍는 어느 촌부의 어색한 몸짓으로
삼각대 위의 카메라에 초점을 맞춘다

유일한 공간에서
부지불식간에 옷에 튄 흙탕물처럼
한 점 오염으로 CCTV에 내가 찍힌다

바람도 없는 투명한 벽
나를 기웃대는 저 창궐한 싱싱함

한 치의 오차도 허용치 않는
환한 벽은 더 큰 두려움이다

당당하게 맞서던 시간들이
줌인 되어 툭, 한 장의 사진으로 떨어진다

나는 어느 풍경 앞에서 가장 자유로웠던가

함부로 찍히지 않는 재래시장 쪽으로 난 통로
그 해방구를 향해
재빨리 인파 속으로 스며든다

깊은 초록의 그늘 속에서

광양으로 귀농을 하는 고향 친구의 농장에
동창들 몇이 모였다
서울에서 남으로 종일 달리던 6월의 초록이
꺾이거나 휘어진 길을 돌아 머위 잎 흔들리는
섬진강변 산기슭 감나무 밑에 부려졌다

가지에 작은 별빛 같은 랜턴 하나 걸자
침략하듯 오는 깊은 초록의 어둠
세상의 모든 밤이 그 나무들 밑으로 왔다가 떠나는 어둠의 성지 같은
임계의 목책 하나 없는 후미진 기슭에서
잃어버린 우리들 한때의
푸르고 또 붉었던 아득한 기억을 부르며 노래하고 술을 마셨다

모깃불 흰 연기가
나무들의 겨드랑이를 빠져나가
천천히 은하로 흐르고

불안한 어둠의 속살이 수런거리는 소리가 행간 사이로
스며들자
　감꼭지 툭툭 떨어질 때마다
　도열한 감나무 밑이 출렁거렸다

인디언 서머

세상에 자비가 없다니요

보세요

가장 절실하게 기도하고 싶은 때

신은 햇살을

초겨울 틈새로 무량으로 흘려보내고 있잖아요

서두르세요

해설

환(幻)한 소멸의 경계에 대하여
— 최옥향의 시 정신

백인덕 시인

1.

잠재적으로나마 한 시인의 세계를 파악하고자 할 때, 그의 현실 인식과 시 정신은 어떤 방식으로든 정리할 필요가 있다. 세 가지 정도를 생각할 수 있는데, 하나는 현실 인식이 시 정신을 압도하는 것, 다른 하나는 시 정신이 현실 인식을 가로막는 경우, 끝으로 이 둘이 상보적으로 시인의 정신세계를 앞으로 밀고 나가는 경우이다. 물론 전제 조건이 있다. 그 하나는 현실 인식이 '과거-현재-미래'로 직선적, 찰나적으로 진행하는 시간관에서 말하는 '현재' 또는 '현 상태'로만 소급되는 개념이 아니라는 점, 그리고 '시 정신'이 구체적 작품을 통해 재구(再構)된 것,

즉 언어의 형태로 형성된 것을 의미할 뿐, 시인의 정신세계 전반을 지칭하지 않는다는 것에 대한 폭넓은 이해가 필요하다.

　이 사족에 힘입어 최옥향 시인의 『도마뱀과 소문』을 읽으면, 몇 개의 미세한 단층이 특징적으로 눈에 들어온다. 비록 제안에 머물 수밖에 없지만, 최옥향 시인의 '내 생'을 생각해보는 방식은 시인의 '기록'들을 다시 꼼꼼하게 읽는 것 외에는 다른 길이 없어 보인다. 결국 이번 시집을 읽는 방식도 마찬가지인데, 수록 작품 모두를 '기록'으로 재설정하면, 그 특질을 '투사(投射)의 결과물'과 '기억의 현상(現像)물'로 나누어 볼 수 있을 것이다.

　　노을공원
　　목책을 타고 오르다 마른 메꽃처럼 붙어 서서
　　한강의 물 주름 사이사이
　　몇 개의 구름에 새겨진
　　해독할 수 없는 황금문장들을
　　지키지 못한 임종의 유언처럼 읽는다

　　이글거리던 태양의 영혼이 주저흔으로 남은 그곳
　　금빛의 허공을 날아온 새 한 마리
　　조객처럼 울음으로 마지막 그 빛을 쪼고 있다

소멸은 짧고

등 뒤에서
오래도록 머뭇거리며 주홍글씨를 새긴다는 것을

아버지
　　　　—「문득, 소멸이 느리다고 느낄 때」 전문

어머니
오늘도 아릿한 손짓
말씀은 없고 여위고 흰 손만 남아
조금씩 멀어지며 손짓하시네
젊은 날 새벽장 내달리듯
안개 속으로 사라질듯 손짓하시네
오체투지로 가는 내 무릎이 다 해져도
따를 수 없는 거리
언제나 그 자리에 서서
뛰는 법에 서툰 내 길을 밝히려
허방을 피하라고
너덜겅을 피하라고
멀리서 굽고 흰 등이 무슨 물음표 같아
시선을 거둘 수 없는데

어머니
자꾸만 자꾸만 허공이 닳도록 손짓하시네
조금씩 멀어지며 손짓하시네

—「손짓」 전문

 이 두 작품은 이번 시집을 구성하고 있는 '기록'의 두 특질을 명시적으로 드러내고 있다. 물론 '아버지/어머니'라는 대비적 제재가 두 작품의 비교를 더욱 명료하게 하는 점도 부인할 수 없다. 하지만 보다 중요하게 생각되어야 할 대비는 다음과 같은 것이다. 앞 작품에서 화자는 "해독할 수 없는 황금문장들을/지키지 못한 임종의 유언처럼 읽는다"는 표현에서 드러나듯이 어떤 정경에 투사된 감정을 통해 아버지에 대한 기억을 환기하게 되지만, 뒤에서는 어머니라는 대상 자체를 통해 직접적으로 "뛰는 법에 서툰 내 길을 밝히려/허방을 피하라고/너덜겅을 피하라고" 하는 전언(傳言)의 의미를 곧바로 이해하게 된다. 그럼에도 불구하고 '문득, 소멸이 느리다고 느끼'는 주체는 화자이고, '손짓'의 행위 주체는 어머니(기억의 내용물)이라는 점에서 또 다른 대비가 드러난다. 이를 도식화하면, '정경에의 투사→기억의 환기→화자의 정서적 반응/현상된 대상 자체→의미의 즉각적 해석→주체의 역전'이라는 두 계열이 큰 갈래를 형성하고 있다.

존재로 현현(顯現)한 '나'는 누가 무엇이라 해도 결국은 '나'일 수밖에 없다. 정체성과 관련한 담론을 여기서 길게 언급할 이유는 없을 것이다. 시라는 장르적 특성과만 결부해도 '나'는 경험적 고백적 내용으로 형상화된다는 것쯤 이제는 상식이다. 이 말은 비약하면 그것이 아무리 동시대인, 사회, 민족, 인류와 같은 여러 층위로 확장되었을지라도 그 기본에 '가족'이라는 원자적 개념을 내포되었다는 것이다. 최옥향 시인의 등단작은 무엇보다도 이 사실을 잘 드러내고 있다.

> 둥근 방문 고리를 흔드는 바람소리와
> 집 모퉁이에 서서 늙어버린 지팡이처럼
> 언제나 마른 삭정이 냄새가 나던 그 기억의 방
> 툭, 딱딱하게 굳은 손아귀에서 마지막 떨어져 구르다
> 목침 위에 나란히 놓였던
> 유난히 반질기리던 그 두 알의 호두
> 결코 소멸되지 않을 단단한 기억 하나가
> 지금 흔들리며 걷는 내 호주머니 속에서
> 자꾸만 환한 밖을 기웃거리고 있다
> ─「호두, 그 기억의 방」 부분

이 작품이 등단작이라는 점을 염두에 두면, 최옥향 시인

습작의 탄탄함과 시적 인식의 단단함을 여실히 엿볼 수 있다. 가령, "지도 위의 협곡 같은 몸을/동그랗게 말아 안은 둥근 동굴의 소리를 듣는다/어디 하나 싹 틔울 씨눈조차 보이지 않게/으스러져라 껴안고"와 같은 표현은 호두와 할아버지를 동시에 포섭하면서, 제대로 형상화하고 있다. 나아가 이 표현이 "지금 흔들리며 걷는 내 호주머니 속에서/자꾸만 환한 밖을 기웃거리고 있다"는, 즉 시인의 현 상황과의 연결을 매끄럽게 선도하고 있다. 이런 부분은 「연꽃 속에서 바느질을 하시네」에서도 찾아볼 수 있는데, 바느질에 사용하던 "닳아서 희미한 나무 눈금자로/옆에 누운 나의 키를 재시네"라는 구절을 통해서 어머니가 비록 '실밥', '실오라기' 따위를 묻혔지만 일곱 개의 꽃잎을 열고 나오시는 것과 같은 개화를 지향하는 화자의 심리를 매끄럽게 연결하고 있다.

뒤에 다시 언급하게 되겠지만, 최옥향 시인의 작품들의 구조적 특징 중 하나는 거의 모든 작품에서, 특히 작품의 결말부에서 '시적 명제'가 형성되고 있다는 점이다. 그런데 그 명제에 주목하게 하는 점은 '나(자아)/자연(세계)'으로 주체가 갈린다는 것이다.

2.

이번 시집의 '나'(아마도 '서정적 자아'라 부르기 어려우므로 시적 주체란 의미에서 '나'로 지칭한다)는 두 번의 단층이 기록된 기억을 변형, 결합, 반사하면서 '여기-지금'의 나를 재형성하고자 분투하고 있다. 재-형성이란 제3의 목표를 설정한다는 의미가 아니다. 그것은 나의 독자성, 결국 시인으로서 시적 개성이 발휘되는 어떤 상태를 지향한다는 의미가 된다. 물론 우리는 보르헤스의 말처럼 "언어로 재현해 낼 수 있는 인식 대상은 언어뿐이며 결코 현실이 아니다"라는 사실을 알고 있다. 하지만 우리가 간과했던 것은 그의 말의 참뜻은 '언어와 인간 경험 사이의 관계가 극단적으로 경계를 허물' 때까지 추구하라는 것이었다는 점이다. 환상도 상상력인 마당에 알지 못하는 것으로부터 결코 빚어지지 않는다. 마찬가지로 그 어떤 시 작품도 언어의 극단을 실험할 수는 있지만, 언어와 경험의 임계를 놀파할 수는 없다. 더욱이 해석이 개입하면 문제는 더 복잡해진다.

이렇게 지칭해도 큰 무리가 없다면 최옥향 시인의 경우, 첫 번째 단층은 기장 시절과 수색 시절에서 빚어진다. 단층이란 용어에서는 어쨌든 차이에 집중하게 되지만, 어쩌면 그것은 차이보다 반복에 가깝다. 먼저 기장 시절은 시인의 유년 체험에서 흘러나온다.

저·는·미·치·지·않·았·어·요

폭력적인 그 질곡의 시대에

한때 음악 선생님이었다는 사내

구겨지고 접혔던 생의

해진 실밥 틈으로 새어나오던

첫 울음 같은 그 노래

보일 듯이…… 보일 듯이…… 보이지 않는……

—「보일 듯이라 불린 사내」 부분

절절 끓던 풍경이 멈추고

허기의 저녁이 오면

불씨로 이어지는 달이

흰 은수저를 척, 걸쳐놓던 곳

그 둥글고 큰 솥은 비워져

이제 빈집의 잡풀만 키우고 있구나

산문에 세워진 아파트 숲 뒤에서

초라하게 식어버린 아궁이 속처럼

재만 풀풀 날리고 있구나

—「사라못」 부분

이 시절의 작품들 역시 '투사의 결과물'과 '기억의 현상물'이라는 기록의 특성을 고스란히 함유하고 있다. 서정시의 기본적 형성원리로서 '투사와 동화'가 언급되곤 하지만, 이 글에서 사용하는 용어는 사전적 의미를 그대로 따를 뿐이다. 투사란 '무엇인가를 던져 넣는다'는 의미인데 주목해야 할 점은 그 정신적 행위의 소여가 주체보다는 대상 쪽에 있다는 점이다. 다시 말해 자극에 대한 반응일 경우가 많고, 내적 동기보다 외적 자극이 훨씬 중요한 계기를 형성한다.

이렇게 본다면 앞의 인용시 중 두 번째 작품, 「사라못」이 이 경우에 해당한다. 물론 '사라못'이 부산 기장에 있는 연못이라는 정보조차 필자는 시집을 통해 얻었다. 물론 첫 번째 작품, 「보일 듯이라 불린 사내」에도 '기장다리'라는 구체적 지명이 등장한다. 하지만 작품에서 차지하는 어휘적 비중을 생각할 때, 후자는 시인의 지나친 친절이라고 해도 될 것이다. 반면 '사리못'은 그 자체가 제목이고, 제재고 '나'의 표상이다. 생명력 넘치던 과거에서 황폐화된 지금까지가 온전히 드러나고 있기 때문이다. 반면에 첫 번째 작품은 "내 기억의 뒤란에서/문득 이명처럼 우는 따오기"라는 도입 구절이 명시적으로 드러내고 있듯이 '기억'이 어떤 요인에 의해, 다시 말해 정보 연합을 통해 퍼 올린 대상일 뿐이다.

이 정보 연합은 시인의 유년에 대한 동경에서 그 단초를 찾을 수 있다. "오르골 속 영원히 늙지 않는 노래/오오, 그리하여 잃어버린 내 사랑 같은 이여"라는 구절을 통해 이를 확인할 수 있다. 그렇다면 무엇이 이런 유년의 동경을 되살린 것일까? 물론 시의 표면상으로는 '노래'지만 노래란 결국 '시'란 사실에 빗대어 짐작할 수 있다. 그렇다면 누가 시인에게 '돌멩이'를 던지는 것일까, 시인은 그저 "따오기를 가르치고 싶었을 뿐"인데.

 일반적으로 나란히 세우는 모든 것을 대립으로 읽으려고 한다. 사실 이것은 우리 사회와 문화의 특수성에서 비롯한다. 나란하다는 것은 오히려 병렬이거나 병립이기가 쉽다. '바람 불고, 비 온다'처럼 우열을 가릴 수 없는 상황이 더 자연스럽기 때문이다.

 수색 시절을 기록한 작품들에서도 기장 시절의 작품에서 보였던 구조와 특질이 반복된다.

 닭장이라고 불리던 그곳 며칠에 한 번씩은 퓨즈가 나가던 한 지붕 일곱 가구의 사람들은 파도가 밀어낸 해초의 숭숭 뚫린 구멍 같은 상처 하나씩을 가지고 있었다 도시의 가장자리에 웅성거리며 모여든 부유(浮游)한 흔적들이 대문 밖 쓰레기 하치장을 끼고 방치되고 있었다 밤이면 마당에 앉아 서로의 상처에 부어주던 소주병 쓰러지는 소리를 들으며 때때로 그것은 루핑 지붕 위에 떨어지는 빗방울 소리와 같다는 생각이 들었다 아이들은 뒷산 언덕에 지천으로 피는 애기똥풀처럼 미로 같은 골목을 채우며 자라났다 자고 나면 늘상 문지방을 넘어오는 새로운 소문들은 대체로 울타리를 지키지 못한 여자들의 허술한 속옷 같은 이야기였고 열사의 땅으로 돈 벌러 떠난 아빠를 홀로 기다리는 아이들에 대한 이야기였다 과부하를 알리는 퓨즈의 불협화음에도 익숙해질 즈음 붉은 모자를 쓴 망치가 들이닥쳤다 그렇게 산자락 따개비 같은 집들은 사라졌다 굴종조차 없는 참으로 무서운 평정이었다

—「수색」 전문

어떻게 기장에서 수색으로 시인의 경험들이 공간 이동을 했는지는 도무지 알 길이 없다. 공간은 죽어버렸고 시간만 남아 전전긍긍하게 되었다는 어떤 사회학자의 말처럼 어쩌면 기장, 수색 같은 지명은 생명, 존재, 현현과 같은 용어들 앞에서 무의미한 것일지도 모른다. 아니 그 역으로 생존, 현장, 존엄과 같은 절실한 필요 앞에서 앞의 용어들은 너무 무력한 것들일지도 모른다. 어쨌든 이 작품은 표현의 구체성을 역(逆)투사의 결과물로 읽게 한다. 반면 다른 작품들, 가령 "지금은 남극의 빙벽처럼 뚫린 터널 밖으로/끝없이 무너지듯 쏟아지는 날카로운 소음만이

위독한/수색엔/그렇게 스스로 퇴화한 날개를 가진 펭귄들이 둥근 무리로 살았다"(「허들링이 있던 곳」)는 같은 공간에 대한 다른 태도를 보여준다. 시인은 "30년 전의 수색동은/거대한 서울의 경계에서 울리는/변방의 북소리 같았네"(「언젠가 기록될 내 생의 후일담을 위하여」)라고 쓸쓸하게 회고한다.

> 나는 서서히 문자를 잃어가고
> 절망이 자연스러워졌네
> 언젠가 기록될 내 생의 후일담을 위하여
> 순종에 투항했네
>
> 순종의 바다엔
> 치욕과 오욕이 둥둥 떠다니고
> 그것을 먹고 마시며
> 나는 점점 전사가 되어갔네
> ―「언젠가 기록될 내 생의 후일담을 위하여」 부분

수색 시절의 기억이란 결국 '굴종조차 없는 참으로 무서운 평정'에서 '순종에 투항'하고 '치욕과 오욕'을 먹고 마시며 '점점 전사'가 되어간 기간이라고 할 수 있다. 하지만 이쯤에서는 어떤, 무엇의 '전사'인지가 불분명하다.

'생→삶→생활'로 인식적 지평선이 수축, 또는 가라앉은 것 또한 이렇게 표현될 수 있기 때문이다.

3.

현실 인식과 시 정신에서 출발해서 이번 시집의 수록 작품들을 '기록'으로 재설정하고, 기록의 특질을 '투사의 결과물'과 '기억의 현상물'로 구태여 갈래지운 이유는 명확하다. 첫 시집을 상재한 최옥향 시인의 그간의 작업에 대한 이해, 아니 이해의 한 틈을 허물거나 뚫어보려는 제안적 시도라는 목적이 있었기 때문이다. 그래도 또다시 사족을 붙일 수밖에 없는 것은 다음과 같은 표현은 어떤 형태로든 시인의 그간의 열정과 시에 대한 사랑을 드러내는 것이므로 그냥 지나칠 수 없었다.

> 누구는 간밤의 우레 속에서 은빛 피리를 얻었다는데
> 할, 하고 허공을 가르는 내 슬픔의 형상을 만나보고 싶어
>
> 나는 아직 추억의 비문 하나 얻지 못하고
> 구석방에서 구름만을 주무르고 있어
>
> 쉿! 문을 닫아

구름이 빠져나가기 전에
　　　　　　　　　　　─「슬픔의 질감」 부분

　어제는 산책길에서
　지리한 장마를 건너고 있는 모감주나무를 만났지요
　그 대책 없는 표정의 사연을 오래 받아 적으며
　긴 나무의자의 풍경을 그려보았지요
　이제 그 나른함으로 폭우가 지나간 물거울 속에
　결코 일렁이지 않을 제 얼굴을 찬찬히 들여다보았습니다
　　　　　　　　　　　─「나른함이 있는 나무의자」 부분

　덧붙이면 그대로 다 군말이 되어버리고 말 것처럼 시인의 개성과 시적 성취가 그대로 드러나는 부분들이다. 물론 모든 예술에서 개인 취향이라는 것이 문제가 되긴 하지만, 각 장르마다 매재의 사용이 다르고, 그에 따른 미학적 전형이 다르다는 것 또한 인정해야 한다. 남는 문제는 언제나 '의미'일 것이다.

　한번쯤 우연히 길에 떨어진 시위대의 깃발을 들고 싶다
　주동자가 되어버린 무성영화 속 채플린이 되어
　한 번도 본 적이 없는 바람의 얼굴을 대면케 될 때
　잠시 부서진 의식이 척척 큐브의 퍼즐 소리를 내며 제 위

치를 찾아가고

  엄청난 밝기의 탐조등이 검증처럼 내 내부를 훑고 지나가리라

  바람의 뒤를 따르며 호주머니 속에서 부르르 떨었던 주먹을 위하여

  어쩌면 뒤에 서서 몸을 낮추었을 때

  바람의 맛을 본 몇 올의 머리카락의 혁명일지라도

  그 몇 올의 머리카락이 들어올릴

  비만한 내 육신의 무게여, 미안하다

  이제 바람에 투신하지 않는 깃발을 펄럭이며

  비로소 생의 첫 키스보다 떨리는 내 뒷모습을 보여주리라

  자, 나를 따르라 뒤엉킨 꿈의 조각들이여

                ―「내 안의 혁명」 전문

이번 시집에서 시인은 몇 차례 '혁명'이라는 어휘를 사용했다. 하지만 '노래'(「보일 듯이라 불린 사내」)로 시작된 이번 도정(道程)에서 앞의 인용 작품 같은 의지를 표명한 적은 없다. '~싶다', '~위하여', '~보여주리라' 등의 어말(語末)은 적극적 의지가 개입할 때 사용되는 어미들이다. 시인은 결국 "고장 난 라디오를 탁탁 세게 더 세게 쳐보는 것은/가난한 우리의 최후의 수단/그러나 기적처럼 이 누대의 학습으로도 세상은/화답하듯 화들짝 꽃피우기도 하

는 것이더라"(「개 같은 날들을 향하여」)는 사실을 알고 있으니, 결코 이쯤에서 멈추지 않을 것을 믿는다. "시와 사랑과 혁명은 세 개의 불타는 돌"이라고 한 옥타비오 파스처럼, 시와 사랑과 혁명이 꺼지지 않는 '불'이 될 때까지 시인의 다음 시작을 기대해본다.

이 도서의 국립중앙도서관 출판시도서목록(CIP)은 서지정보유통지원시스템 홈페이지(http://seoji.nl.go.kr)와 국가자료공동목록시스템(http://www.nl.go.kr/kolisnet)에서 이용하실 수 있습니다.(CIP제어번호: CIP2014009040)

문학의전당 시인선 179

도마뱀과 소문

ⓒ 최옥향

초판 1쇄 인쇄	2014년 4월 1일
초판 1쇄 발행	2014년 4월 8일
지은이	최옥향
펴낸이	김석봉
책임편집	이현호
디자인	조동욱
펴낸곳	문학의전당
출판등록	제311-2012-000043호
주소	서울시 은평구 연서로11길 7-5 401호
편집실	서울시 마포구 공덕2동 404 풍림VIP빌딩 413호
전화	02-852-1977
팩스	02-852-1978
블로그	http://blog.naver.com/mhjd2003
전자우편	sbpoem@naver.com
ISBN	978-89-98096-72-4 03810

*이 책의 판권은 지은이와 문학의전당에 있습니다.
*양측의 서면 동의 없는 무단 전재 및 복제를 금합니다.
*잘못 만들어진 책은 바꿔드립니다.